食品ロス

「もったいない」をみんなで考える

① 食品ロスについて学ぼう！

監修

料理研究家・食品ロス削減アドバイザー

島本 美由紀

も く じ

★この本の登場人物

みゆき先生

料理研究家・食品ロス削減アドバイザーの島本美由紀先生。食品ロスのことなら何でもおまかせ！

滝沢さん

お笑い芸人・マシンガンズの滝沢さん。ごみ清掃員としても働いている。夢は日本から食品ロスやごみをなくすこと！

ぼくたちといっしょに食品ロスのことを見ていこう！

多部田さん一家

お父さん、お母さん、小学4年生の姉と小学2年生の弟の4人家族。一家そろっておいしいものが大好き。

この本を読むみなさんへ

みなさんは、昨日は何を食べましたか？　カレーライスですか？　それともハンバーグ？　ラーメンやおすしという人もいるかもしれません。では、その料理に使われている食材や食べものはどこから来たものでしょうか？

「スーパーマーケットで買ったよ」と答える人が多いかもしれませんが、では、スーパーにならんでいる食材や食べものはどこから来たのでしょうか？

お米は田んぼ、野菜は畑で育ったもので、肉はウシやブタ、ニワトリといった家畜の動物の命をいただいたものです。農作物も家畜も農家の人が長い時間をかけて育てています。おすしのネタになる魚は漁師さんが海で獲ってきたもの。食べるのはほんの短い間でも、わたしたちのところに来るまでには長い時間と手間がかかっているんです。

けれども、今、日本ではまだ食べられるのに捨てられてしまう食べものがたくさんあります。

これが「食品ロス」といわれるものです。

食べものを捨てても、また買えばいいと思う人もいるかもしれません。でも、本当にそれでよいのでしょうか？　世界を見てみると、日本のように、たくさんの食品ロスを出している国がある一方で、食べものが手に入らず、おなかをすかせた人がたくさんいる国もあります。それだけでなく、食べものを捨てることで地球にもさまざまな問題が起きてしまうのです。

地球に生きているすべての人にとって、なくてはならない、大切な食べもの。それが捨てられてしまうのはなぜでしょうか。この本を読んで食品ロスについて知り、最後まで食べきることの大切さを学んでいきましょう。

料理研究家・食品ロス削減アドバイザー
島本美由紀

3

「食品ロス」ってなんだろう？

―たくさんの食べものが捨てられているって本当？―

あなたは？

こんにちは！
ぼくは滝沢といいます

お笑い芸人をしながら
ごみの清掃員をしているよ
よろしくね！

お笑い芸人?!

清掃員!?

ぼくは毎日集積所に出された
ごみを集めているけど、
まだ食べられそうな
ものもあって
もったいない！

おもい！

もったいない！

袋が開いて
いないおかし

知らなかった！

食品ロスをなくすために
どうしたら食べものを
捨てずにすむか

みんなにも
考えてほしいんだ

食品ロス？

食べられるのに捨
てられてしまう食
べもののことなの

毎日出ている
食品ロスは、
大型トラック何台分
だと思う？

えーっと…
トラック
10台分くらい？

むずかしいな～

はずれ！
じつは
1640台分も

えー！
本当!?

どうして
そんなに？

いい質問ね！
どうして食べものが
捨てられているのか
みんなに知ってほしいな

うん
気になる

知りたい！

じゃあ
食品ロスについて
くわしく見ていきましょう！

あとで会おうね、

わくわく

楽しみ

食べられるのに捨てられている

たくさんの食べものが捨てられてしまうのはなぜでしょうか？

毎日お茶わん1ぱい分を捨てている

まだ食べられるのに捨てられてしまう食品のことを「食品ロス」といいます。

日本で2018年の1年間に食品から出る生ごみのうち、食品ロスの量は、約600万tです。

これは日本でくらす人全員が1年間に47kgの食べものを捨てていることになります。1日あたりでは、毎日茶わん1ぱい分のごはん約130gを捨てている計算です。

600万tの食品ロス！？

一人あたり1年で47kg捨てている

中学1年生女子※の
平均体重とほぼ同じ

×1億2000万×365日

日本でくらす人約1億2000万人が毎日茶わん1ぱい分のごはんを捨てているのと同じ

そんなにあるの!? 　　もったいない

※出展：令和2年度学校保健統計調査

食品ロスはこうして起きる

日本で1年に出る食品ロス600万 t のうち、約半分は食品メーカーや小売店、飲食店などの事業者から出ています。そしてもう半分は家庭から発生しています。

家庭から食品ロスが起こる原因は大きく分けて3つあります。1つは料理を食べきれずに残してしまう「食べ残し」です。2つ目は「直接廃棄」といって、手をつけないままで捨ててしまう食べものです。3つ目は野菜の皮や魚の骨など、食べられない部分を取りのぞくときに、必要以上にたくさんとりのぞいてしまう「過剰除去」です。

① 食べ残し

量が多く食べきれない、好みにあわないといった理由で捨ててしまう食べもの。

② 直接廃棄

賞味期限が切れたといった理由で、手をつけないまま捨ててしまう食べもの。

③ 過剰除去

食べられるのに、調理するときに取りのぞかれてしまった部分。野菜の厚くむきすぎてしまった皮、肉のあぶらみ、魚の骨のまわりについた身など。

日本で1年間に出る食品ロス

（平成30年度推計値　農林水産省調べ）

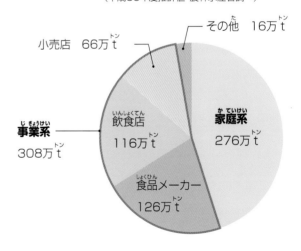

その他　16万 t
小売店　66万 t
飲食店　116万 t
事業系　308万 t
家庭系　276万 t
食品メーカー　126万 t

食品ロスは、わたしたちのところに食べものが運ばれてくる前から起きているの。これからいっしょに見ていこうね！

食べ残しも食品ロスの原因なんだね…。

でも600万 t なんて、信じられない。

食べものはどこから来るの？

食べものは農家や漁師、食品メーカーの人、小売店の人などたくさんの人を通してわたしたちのところに運ばれてきます。

 生産者

 運ぶ

生産者は近くの協同組合や産地市場というところに生産した農作物や水産物を持ちこみ、そこから大きな市場まで運ばれる。

農家や漁師のことを生産者とよぶ。農家には農作物を育てる人と、ウシ・ブタ・ニワトリを育て食肉として出荷したり、牛乳や卵をとったりする人がいる。漁師は漁に出て魚などの水産物をとる。

 市場

市場に運ばれたものを卸売業者がまとめ、仲卸業者に売る。仲卸業者は質のよい肉や魚、野菜を選んで仕入れ、食品メーカーやスーパーマーケット、飲食店などに配送する。

 食品加工業者

冷凍食品や缶づめ、べんとう、おかしなど、手軽に食べられる食品に加工する。食品メーカーが行うこともある。

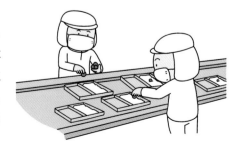

8

長い旅をする食べもの

わたしたちが食べている食べものは、どれも農家の人が育てた農作物や家畜の肉、漁師が海でとってきた水産物です。

食べものはまず農家や漁師から出荷されます。外国から日本に運ばれてくるものもあります。こうした食べものは市場で取り引きされてスーパーにならびます。食品メーカーなどで加工されるものもあります。食べものを飲食店の人や家の人な

どが調理すると、毎日の食事ができあがります。

わたしたちのところに食べものがとどくまでには、さまざまな人の手を通るため、とちゅうで食べものが傷んでしまったり、傷ついてしまったりして、捨てられるものもあります。

生産者、食品加工業者、小売店、飲食店、家庭のすべての場所で食品ロスは生まれているのです。

毎日食べている食べものには、たくさんの人がかかわっているの。感謝して食べようね。

家庭など

スーパーマーケットやコンビニで食べものを買い、そのまま食べたり、調理をして食べたりする。

飲食店

レストラン、ファーストフード店など。肉、魚、野菜などの材料を仕入れ、調理をして、お客さんに提供する。

どの人も食べものは捨てたくないはずだよね。

小売店

わたしたちに直接食べものを販売するスーパーマーケット、コンビニエンスストアでは、市場や食品加工業者から商品を仕入れて店にならべ、販売する。

次のページから食べものにかかわっている人にインタビューしてみよう。

どうして食べものが捨てられているの？③

農家の人に聞いてみよう

農家の人たちは、畑で野菜やくだものを育てている生産者です。苦労して農作物をつくっていますが、出荷前に捨てなければならないことがあります。

農家の人がジャガイモの収穫をしているね。

こんなふうにつくっているんだね！

形の悪い野菜は出荷できない

農家は畑で野菜を育てています。けれども収穫した野菜のすべてを出荷できるわけではありません。形や色がよくないもの、大きく育ちすぎた野菜などはふつう出荷できません。

見た目の悪い野菜やふぞろいな野菜は、お客さんに買ってもらえないからです。このような野菜は捨てられてしまいます。

これって食品ロス？

先が分かれたダイコンや曲がったキュウリは、売れない。

お店にならんでいるのは形のよいものだけ。

みんな同じ形に育つと思ってた！

形は悪くても食べられるんだよね。捨てるのはもったいないなあ。

野菜は工業製品とちがって、思いどおりの形にならないんです。食べられるのに出荷できないのは残念です。

たくさんできたら捨てる!?

その年の天候によって収穫がへる年もあれば、豊作の年もあります。ある種の農作物が全国的にとれすぎると、農作物の価格は下がってしまいます。こんなとき、農家は農作物の出荷をとりやめることがあります。出荷されない農作物は農家が家で食べたり、人にあげたりしますが、トラクターで踏みつぶすなどして、処分してしまうこともあります。

せっかくがんばって
つくったのに！

安くても売ったほうがお金になってよいのではないですか？

収穫したあとも、形のよいものを選んで、洗ったり袋づめしたりする作業があります。安い価格でしか売れないのであれば、手間をかけて出荷するよりも自分で処分したほうが、損失が少ないのです。

知ってる？
出荷されなかった野菜のゆくえ

食品ロスのなかには、生産者が出荷する前に捨てた食べものの量はふくまれていません。けれども、実際には大量の食べものが捨てられています。2019年に農林水産省が41品目の野菜について調べたところ、全国の収穫量は約1341万tでした。そのうち出荷されたのは約1157万tです。残りの184万tの多くは、食べられずに処分されたとみられています。

形が悪かったり、できすぎたりした野菜は、出荷されません。

生産者②

漁師の人に聞いてみよう

漁師は、船で海に出て魚をとる生産者です。あみに入った魚のなかには、食べられずに捨てられている魚がたくさんあります。

まだ空が真っ暗だよ。

船の上は、冬はとっても寒そう。大変な仕事だね。

傷ついた魚や小さすぎる魚は売れない

漁師が水揚げした魚の中には、あみのなかでほかの魚とぶつかって、うろこがとれた魚や、傷がついた魚があります。これらは港で選別して捨てられることもあります。市場に運ばれた魚でも、大きすぎる魚や小さすぎる魚は、小売店で売りにくいという理由から売れ残ってしまいます。魚は傷みやすいので、売れ残ったものはその日のうちに捨てられてしまいます。

とってきた魚を仕分けするようす。

苦労をしてとってきた魚だから、どの魚も食べてほしいです。でも傷がついている魚は傷みやすいのです。買ってくれる人のことを考えると出荷するわけにはいかないんです。

これって食品ロス？

食べ方がわからないから捨てられる

　サンマ、イワシ、マグロなど、わたしたちがよく知っている魚のほかにも、海にはたくさんの生きものがすんでいます。漁をすると、めずらしい魚があみにかかることがあります。

　こうした魚は、食べ方が知られていないため、店にならべても買う人が少なく、利益につながりにくいので、捨てられてしまいます。

おいしいのに、知られていないだけで出荷されない魚がたくさんあるの。もったいないよね。

漁獲量が少ないから捨てる

　カニをとるあみのなかにイワシが1匹だけまざっていたなど、とるつもりのなかった魚が少量だけあみにかかることがあります。人気のある魚でも、まとまった量で出荷しなければ利益が出ないため、捨てられてしまいます。

これって食品ロス？

外国でも魚を食べる文化が広がったり、気候が変わったりして、魚の水揚げ量は年々へっています。魚をむだにしたくないのですが…

知ってる？ 食べることは命をいただくこと

　ハンバーグやからあげなどは、生きものの命をいただいた肉でつくる食べものです。2020年には1年間でウシ約105万頭、ブタ約1669万頭、ニワトリ約8億1784万羽の肉が日本の卸売市場で取り引きされました。海外から輸入している肉をあわせると、日本ではもっとたくさんの動物の命をいただいていることになります。

　家畜のからだのなかで肉や内臓として食べられる部分は40％から60％ほどしかありません。ほかの部分は別の食品に加工されることもありますが、そうでないものは捨てられています。肉になる部分でもあぶらの多い部分は、加工や調理のときに取りのぞかれることがあります。

どうして食べものが捨てられているの？⑤

食品加工業者の人に聞いてみよう

おかしやおべんとう、冷凍食品などたくさんの加工食品を生産する食品加工業者から食品ロスがたくさん出ることがあります。

一度にこんなにたくさんつくっているんだね。

おいしそうっ…

おいしそうだなあ。

調理やパッケージの印刷にミスがあった

食品工場では、加工した食品をつめる前に、検査をします。このとき形が整っていないなど、調理のミスがあったものは捨てることになります。

また、中身の食品には問題がなくても、パッケージに書いてある文字にミスが見つかったり、印刷がかすれたりしていた場合も、捨てられることになります。

これって食品ロス？

味に問題はなくても見た目がよくないものを販売すると、次から買ってもらえなくなるかもしれないので、一つずつ厳しく選別しています。

食べられるけれど出荷できないんだね。

つくりすぎてあまる

食品加工業者はつくった商品をコンビニエンスストアやスーパーマーケットなどの小売店におさめます。小売店から注文を受けたときに、商品の数がそろわないと、その後注文をもらえなくなることがあるので、あらかじめたくさんつくっておきます。

しかし予想よりも注文が少ないと、つくりすぎた分は食品ロスになってしまいます。

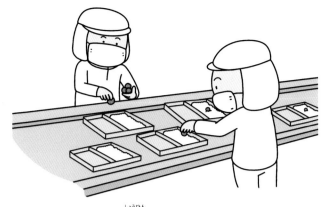

人気が出そうな商品は、足りなくならないように、たくさんつくっておく。

売れ残った商品は廃棄される。

無事に小売店におさめることができても、店で売れないと捨てなくてはならないことがあります。

原材料の切れはしを捨てる

食べものを加工するときに原材料の切れはしが食品ロスになることがあります。たとえば、サンドイッチをつくるときに切り落とすパンのみみ、サラダをつくるときに出る野菜の切れはし、肉のあぶらみなど、使われることなく捨てられている部分がたくさんあります。

これって食品ロス？

サンドイッチをつくるときは食パンのはしやみみを取りのぞく。

サラダをつくるときは、買った人がだれでもおいしいと感じるように、へたやしんだけでなく、少しでも固いところや色がよくないところは取りのぞく。

お客さんに、見た目もきれいだと思ってもらえるように、とくに状態のいい部分だけを使っているんです。

見た目のきれいな商品をつくるために、使われずに捨てられる食品があるんだね。

15

小売店

スーパーマーケットで働く人に聞いてみよう

スーパーマーケットは、肉や魚、野菜やおかしなど、たくさんの食べものを販売する小売店です。売れ残ったものが食品ロスになります。

ぼくたちも買いもので
よく行くよね。

売れ残ってしまった

　野菜や肉、魚などの生ものは時間がたつと傷んでしまうので、売れなかった場合は捨てなければなりません。
　また「季節商品」とよばれるものの食品ロスも問題となっています。季節商品は、クリスマスケーキや、節分に食べる恵方巻など、ある時期にあわせてつくられる商品のことです。その時期になるとたくさんの人が買いもとめに来ますが、時期を1日でもすぎると売れなくなるため、大量の食品ロスを出す原因となっています。

足りなくなるとお客さんに申し訳ないので、うちの店ではちょっと残ってもしかたないと考えて、多めに注文しています。

これって食品ロス？

クリスマスケーキ

売れ残って
しまった……。

季節商品

恵方巻やおせち料理
などがあります。

商品が傷ついてしまった

棚にならべてから、何かのはずみで箱がつぶれたり、パッケージの一部がやぶれたりしてしまうことがあります。中身はおいしく食べられるものでも、見たときの印象がよくないので、売れなくなってしまいます。そうした商品は棚からはずして、捨てることになります。

これって食品ロス？

お客さんの安心のため、見た目に傷があるものは、売らないようにしています。

ちょっとした傷でも売れなくなるんだね。今度からスーパーに行ったら商品を落としてしまわないよう気をつけよう。

「3分の1ルール」があるから捨てる

加工食品のパッケージに表示されている賞味期限は「この日までならおいしく食べられる」というめやすの日付です。買い物に来る人は新しい商品を好んで買い、賞味期限が近い商品は売れにくいことから、日本の食品業界では「3分の1ルール」という習慣があります。

「3分の1ルール」とは、製造日から賞味期限までの期間を3等分して、食品メーカーが小売店に商品をおさめられるのは3分の1まで、小売店が販売できる期間は3分の2までとしたルールです。3分の2の期間をすぎた食品は値引きをして販売することもありますが、利益が見こめない場合は、処分したりメーカーに返品したりします。

こういうルールがあるのは、新しい商品を選んで買う人が多いからだよね。

知ってる？
賞味期限と消費期限のちがい

賞味期限は「おいしく食べられるめやす」として食品メーカーが決めた日付です。賞味期限をすぎると、風味や食感が変わりますが、すぐ食べられなくなるわけではありません。賞味期限とにた言葉に消費期限という言葉があります。消費期限はおべんとうやケーキなど、傷みやすい商品につけられるもので、「この日までに食べきったほうがよい」という意味があります。

飲食店

飲食店の人に聞いてみよう

楽しく食事をする飲食店。そこからもたくさんの食品ロスが出ています。その理由を見ていきましょう。

みんなが食事をする時間はとってもいそがしそうだね。

いちばん多いのはお客さんの食べ残し

飲食店から発生する食品ロスでいちばん多いのは食べ残しです。みなさんもたくさん注文しすぎた、量が多かった、口にあわなかったという理由で残してしまうことはありませんか？

人が多く集まる宴会では、だれかが食べると思って注文したのに、話に夢中になって手をつけずにそのまま料理が残ってしまうこともあります。

大食いにちょうせんだ！

友だちにじまんしよう！

た、食べられない……。

わたしたちは心をこめて料理をつくっています。お客さんが帰ったあとに料理が残っているのを見ると悲しいですね。

材料を仕入れすぎた・つくりすぎた！

飲食店は、お客さんが来たときにすぐに料理を出せるように、あらかじめ十分な量の材料を仕入れ、料理の準備をしておきます。けれども、天気が悪かったり、予約がキャンセルになったりして、お客さんの数が予想より少ないことがあります。材料やつくり置きしておいた料理は、保存できる期間をすぎてしまうと、捨てなければなりません。

食べ放題のお店や回転ずしではたくさん料理があったほうがお客さんに喜ばれるため、多めに料理を用意しています。そこで残った料理も捨てられてしまいます。

つくっちゃったし！！

予約とりけし

10人分とりけしだ！

これって食品ロス？

お客さんが来たときに食べたいものを出せるようにしておかないと、ほかのお店に行ってしまうので、多めに準備をしているんです。でも、本当は食べものを捨てたくないです。

知ってる？
新型コロナウイルスと飲食店

2020年に新型コロナウイルスの感染が拡大してから、数回にわたって国から緊急事態宣言が出されました。マスクをはずして食事をする飲食店は、感染の可能性が高いと考えられ、緊急事態宣言のあいだ、飲食店は休業するように要請されました。食材を仕入れたあとに、休業しなければならなくなった店も多く、たくさんの食品ロスが発生する原因となりました。

注文・調理をまちがえた

まちがいによって、食べものがむだになってしまうこともあります。注文を聞きまちがえてしまったときは、まちがえてつくった料理を捨てて新しくつくりなおさなければなりません。コロッケを揚げすぎてしまった、めんをゆですぎてしまったなど、調理のミスがあったときも同じです。

あれ？ショートケーキを注文したのに

飲食店の食品ロスでいちばん多いのは食べ残し。
わたしたちにも協力できることがありそうですね。

給食

給食から出る食品ロスを考えよう

学校で毎日食べる給食からも食品ロスが発生しています。その多くは食べ残しによるものです。

給食の時間だね。

給食の時間がいちばん楽しみ。

1年間に1人7kg以上の食べ残し

学校給食は、献立を考える栄養士さんと、調理をする調理師さんがつくっています。

学校給食から1年間に出る生ごみのうち、もっとも多いのは食べ残しで、1年間に1人あたり7kgが発生しています。これは毎日つくられる給食の7％が食べ残しになっている計算です。

給食から1年間に出る生ごみ

（環境省調べ）

その他
4.5kg

食べ残し
7.1kg

1人あたり
17.2kg

調理くず　5.6kg

児童500人の学校だと

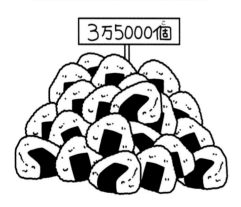

3万5000個

1年で約3500kgの食べ残し。おにぎり3万5000個分。
＊おにぎり1個100gとした場合

給食室ではどうしたら食べ残しがへるか、栄養士さんたちがいつも考えているんだよ。

わたしもときどき残しちゃう。少しのつもりでも、みんなの食べ残しが集まるとものすごい量になるね。

食べ残しが出るのはなぜ？

これって食品ロス？

きらいなものがあるから

小中学生のアンケート調査＊では、食べ残し理由として、いちばん多かったのが「きらいなものがあるから」でした。給食に出てくる料理できらいな食べものは、野菜料理、サラダ、魚料理が上位に入りました。

家で食べ慣れていない料理でも、おためしのつもりで、一口食べてみるのはどうかな。

量が多い

「きらいなものがあるから」に続いて多い理由が、「量が多いから」です。給食を食べ残すことがあると答えた小学生の女子のうち半数が、量が多いことを理由にあげています。

時間が短いから

かぎられた時間のなかで食べなければならないことも、食べ残しが出る理由のひとつとなっています。配膳の準備に時間がかかると、さらに食べる時間は短くなり、食べ残しも増えるけいこうがあります。

＊「平成22年度児童生徒の食事状況等調査報告書」より

知ってる？

新型コロナウイルスと学校給食の食品ロス

2020年、新型コロナウイルスの感染拡大によって、全国の学校が約3か月間、いっせいに休校になりました。全国の学校給食の調理場では、その間給食をつくることができなくなったため、使いかけの調味料や注文ずみの食材を捨てなければならなくなりました。

また学校が再開したあとは、手洗いや消毒などに時間がかかって食事時間が短くなり、食べ残しが増えるところも出てきました。そのため、できるだけ準備に時間がかからないよう、使う食器を少なくした献立にするなど、工夫をした学校もあります。

家庭から出る食品ロスを考えよう

食べものはたくさんの人の手をへて家庭にとどきますが、家庭からもたくさんの食品ロスが出ています。

食品ロスの半分は家庭から

家庭から食品ロスが発生する原因として、もっとも多いのは食べ残しで、約45％をしめます。手をつけないまま食品を捨ててしまう直接廃棄は約35％、野菜の皮をむくときや、へたや種を取りのぞくときに、食べられる部分まで捨ててしまう過剰除去は約20％です。

家庭から出る食品ロスの内訳

（環境省調べ 2018年）

約20%
過剰除去
57万t

約45%
食べ残し
123万t

約35%
直接廃棄
96万t

家庭から食品ロスがでるのはなぜ？

料理が残った・あまった

食卓に用意された食事が多すぎて残してしまったり、料理をつくりすぎて家族で食べきれないまま傷んでしまったりしたときに、食品ロスが出てしまいます。
いつもと同じ量の料理をつくっても、急に家族の予定が変わって食べない、食欲がなくて食べないなどの理由で残ってしまう場合もあります。

傷んでしまった

買いおきしていた食べものがくさったり、かびがはえたりしたために、捨てなければならないことがあります。とくに安売りしていた食品をたくさん買いすぎたあとや、いそがしくて冷蔵庫の中をよく確かめないでいると、食品が傷んでしまうことがよくあります。

気づいたときには、傷んでいることが多いのよね。

最近捨ててしまった食品・食材ランキング

1	きゅうり
2	キャベツ
3	パン・食パン
4	レタス
5	もやし

野菜が多いね。

ハウス食品グループ本社調べ（2021年9月）

うっかり捨ててしまう

いそがしいなかで料理をしていると、野菜のへたやしんをとりのぞくときに、うっかり食べられる部分まで捨ててしまう過剰除去が起こりやすくなります。

わ、もうこんな時間！
早くごはんにしなきゃ。

みんなのまわりからも食品ロスはたくさん出ているね。どうしたら食品ロスがなくせるかな？　買い物や料理の準備、かたづけを手伝って、家の人と考えてみよう。

知ってる？
リサイクルが進まない家庭からの食品ロス

事業者から出る食品ごみの多くはリサイクル業者に運ばれ、家畜のえさや肥料などに再利用されています。とくに食品メーカーからでるごみは、まとまった量で発生するため、再利用しやすいのです。全国に出店している小売店や飲食店も、できるだけ再利用しています。その結果、2018年度には事業所から出る食品ごみの76％がリサイクルされました。

一方で家庭から出る食品ごみは、リサイクルが進んでいません。

栄養がむだになる

食べ残されることの多い野菜。けれどもからだを整えるために必要な栄養がたっぷりです。

ブロッコリー苦手……
わたしも……くきが固い
ブロッコリーはからだにいいのよ

ああ、また残っちゃった
細く切ってフライにしてみては？くきまでおいしく食べられますよ

この料理おいしいね！
この材料は何？
ふふふ

栄養たっぷりの食べものも捨てるとごみに

食べものは、からだのなかで、さまざまな栄養に変わります。栄養は成長したり、かぜを引きにくいからだをつくったりするために欠かせないものです。ひとつの食べものから必要な栄養をすべてとることはできないので、いろいろな食べものをバランスよく食べることが大切です。

苦手な人が多い野菜には、からだのなかをきれいにしてくれる食物せんいや、ウイルスに抵抗する力をつけるビタミンなどの栄養がたくさんふくまれています。調理のときに捨てられてしまうことの多いしんやくき、皮にも栄養はたっぷりふくまれています。

捨てている部分にも栄養はたっぷり

●ニンジンの皮
病気を防いでくれるベータカロテンなどの栄養がふくまれている。ダイコン、カブの皮にも栄養がたっぷり。

●キャベツのしん
しんは葉っぱに栄養を送るくきの部分。骨をつくるカルシウムなどの栄養が、葉っぱの部分よりも豊富にふくまれている。

●ネギの青い部分
からだの中をきれいにそうじしたり、免疫力を高めてくれる栄養がふくまれている。

●ブロッコリーのくき
つぼみの部分よりもビタミンや食物せんいが多くふくまれている。

工夫すると食べやすくなる

苦手な野菜や固くて食べにくい部分も小さく切って、カレーやシチューに入れると食べやすい。

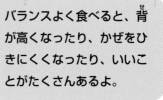

バランスよく食べると、背が高くなったり、かぜをひきにくくなったり、いいことがたくさんあるよ。

スポーツ選手の強さのひみつは？

　世界の舞台でかつやくするスポーツ選手たち。その強さのひみつは何でしょうか？　じつはスポーツ選手たちは、よいプレーをするため、食べることを大切にしています。

スポーツ選手のかつやくに欠かせないさまざまな食べもの

　ごはんやパンなどの主食はエネルギーのみなもとです。きちんと食事をとると、体のなかでエネルギーがつくられますが、エネルギーが足りないと、すぐにつかれてしまい、思うようにからだを動かすことができません。速く走ったり、ボールを投げたり、けったりするのに欠かせない筋肉や、からだを支える骨は、肉や魚から栄養を吸収することでつくられます。つかれた体を回復させたり、免疫力を高めて病気にかかりにくくしたりするには、野菜やくだものの栄養が欠かせません。

　日本を代表する一流のスポーツ選手たちの多くは、本番で力を発揮できるように、栄養士のアドバイスを受けながら、バランスのとれた食事をとっています。スポーツ選手にとっては食べることもトレーニングのひとつなのです。

栄養バランスのとれた食事

野菜に多くふくまれるビタミンやミネラルは骨や筋肉をじょうぶにしてけがを予防する。たんぱく質をとると、けがからの回復が早くなる。

肉や大豆にふくまれるたんぱく質は筋肉をつくる。魚にふくまれるカルシウムは骨の成長をうながす。

ごはんやパンにふくまれる炭水化物は、からだを動かすエネルギーになる。長時間走ったり、激しい運動をしたりするために、欠かせない栄養。

なんでもバランスよく食べると、頭のはたらきもよくなるよ！

ぼくもサッカーでかつやくしたいな。好ききらいなく食べてみようかな。

お金もむだになる

食べものを捨てることは、それを買ったお金をむだにすることにつながります。捨てた食べものを処理するためにもたくさんのお金が使われています。

食品ロスが多いと
お金のむだも多い

みなさんの家でも、冷蔵庫のなかで傷んだ野菜や賞味期限のすぎた食品を見つけて捨てたことがあるかもしれません。そのときは「もったいないけど、ちょっとくらいはしかたない」と思ったかもしれません。けれども、積み重なっていくと大きなお金になります。神奈川県横浜市では市内で出される生ごみから食品ロスの量を調べて、いくら分になるか計算しました。その結果、1年間に1人あたり約1万9000円分の食べものを捨てていたことがわかりました。

こんなに大きな
金額になるんだ！

食品ロスをなくしたら、
おこづかいが増えるかな…!?

1年間に捨てている食べものの金額

1人あたりで　　**1万9000円**

4人家族だと　　**7万6000円**

（横浜市調べ）

1万9000円分

食品ロスの処分にも
お金はかかる

家庭から出たごみは自治体のごみ処理施設に集められて処分されます。ごみを処分するためにかかるお金は、市区町村が出しています。このお金はもともとは、みなさんから集めた税金です。

2019年にごみを処分するためにかかったお金は日本全体で2兆3200億円にもなります。これは日本に住んでいる人1人あたり1万6400円をはらっている計算です。食品ロスの量やごみが増えると、ごみ処理にかかるお金がさらに増えてしまうことが考えられます。

食べられるものをむだにして、処分するためにお金をたくさんはらっているなんてもったいないよね。

ごみをへらせば、処理にかかるお金をへらせるよね。

知ってる？
食品ロスが増えると食べものの値段もあがる

食品メーカーの工場から出るごみは、メーカーが専門業者にお金をはらって処分しています。小売店、飲食店から出るごみは、家庭から出るごみといっしょに自治体の清掃工場で処分されますが、ごみを出した店も処理費用の一部をはらわなければなりません。事業者は食品ロスが増えると、処分にかかるお金がかさんでしまうのです。その費用をまかなうため、商品や料理の価格を値上げすることがあります。

食べものの値段が上がるとぼくたちも困るよね。

ランチ
~~1200円~~
1300円

地球がもっと暑くなる？

食べものを捨てると、それを処理するためにたくさんの燃料が使われます。そのときに発生する二酸化炭素は、地球の気候にも大きな影響をあたえています。

暑いよ～！

とけそう……

食品ロスは地球が暑くなることとも関係があるんだよ

えっほんと？

食べものを捨てると二酸化炭素が増える

食品ロスをふくむ生ごみは、紙くずなどといっしょに可燃ごみ（燃えるごみ）として回収されます。そして清掃工場の焼却炉で燃やされます。野菜のくずや食べ残しはたくさん水分をふくんでいるため、生ごみはあまりよく燃えません。そこで

多くの清掃工場では重油や灯油などの化石燃料を燃やして、焼却炉の温度を高温に保つことで生ごみを燃やしています。ものを燃やすと二酸化炭素などの温室効果ガスが発生します。

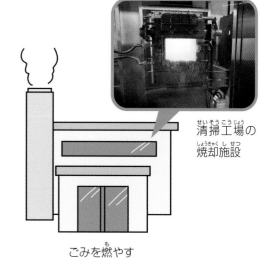

清掃工場の焼却施設

ごみを出す

ごみを回収する

ごみを燃やす

重油や灯油の原料になる石油は日本ではほとんどとれないの。今は外国から輸入しているけれど、将来使いきってなくなるともいわれているんだよ。

食品ロスを出すと燃料もむだづかいしてしまうんだね。

地球が暑くなる原因は二酸化炭素

　日本では昔にくらべて夏に気温が35℃以上を超える猛暑日が増えています。地球の平均気温も100年前とくらべて上がっていて、地球が温かくなる温暖化が進んでいます。

　その原因の一つは、二酸化炭素をはじめとする「温室効果ガス」が空気中に増えたことです。温室効果ガスは地球のまわりをおおい、太陽からの熱を閉じこめてしまいます。温暖化が進むにつれて、さまざまな環境問題も起きています。

　二酸化炭素は、清掃工場以外にも火力発電所や、ガソリンで走る自動車などから出ています。地球温暖化を止めるには、二酸化炭素をできるだけ出さないようにする努力が必要です。食品ロスをへらすことも二酸化炭素をへらすためにできる取り組みの一つです。

地球温暖化が進むと……

北極の氷がとける

異常気象で災害がふえる

農作物の生産量がへる

干ばつがおこる

知ってる？
かくれた食品ロスと水の汚染

　残ったみそ汁や牛乳、調味料をキッチンの流しに捨てたことはありませんか？　流しに捨てられている食品は、生ごみのように重さをはかることができないので、はっきりとした量はわかっていません。けれどもこうした食品をふくんだ排水が、川をよごす大きな原因となっています。川のよごれがひどくなると、いやなにおいがしたり、魚がすめなくなったりします。

　下水道の設備が整った地域では、家庭からの排水は下水処理施設に送られて、きれいにしてから川に流しています。けれどもよごれた水をきれいにするためには、たくさんの水が必要です。時間もお金もかかります。

4.7はい

１ぱいのみそ汁を流すと、魚がすめるくらいきれいな水にもどすために300リットルのお風呂4.7はい分の水が必要になります。

食べられない人が増える!?

日本では1年に600万tの食品ロスが出ている一方で、世界にはその日の食事に困っている人が大勢います。

食べものがなくて困っている人がいるって知ってた？

聞いたことあるよ でも外国の話だよね？

遠い国で起きていることのようだけど食品ロスを出している日本とも関係があるのよ

えっ ほんと？

豊かな国に集まる食べもの

いま、地球上で生産されている食料を合わせると、すべての人が十分に食べていけるだけの量があります。それにもかかわらず、うえる人がいるのは、豊かな国に食べものが集中しているからです。

うえに苦しむ国は、アフリカの国々などの発展途上国です。とくにヨーロッパの国々に支配されていたアフリカでは、昔から自分たちで食べるものよりも、コーヒーやチョコレートなど先進国で売れるものをつくらされていました。現在も、こうした作物を生産し輸出する一方、国内の人々が食べる食料の生産量はあまり高くありません。そのうえ紛争が起きたり、災害にみまわれたりすることも多く、食べものが手に入りにくい状態にあります。

チョコレートの原料になるカカオの実。アフリカで生産がさかん。

先進国は途上国から農作物を安い値段で買っているので、農家のところに入るお金はとっても少ないの。日本で食べているコーヒーやチョコレートも途上国でつくられたものが多いのよ。

世界の10人に1人がうえている

世界には約78億人の人がくらしていますが、そのうち約8億1100万人が十分に食べることができず、栄養が足りていない飢餓の状態にあります。地球上で約10人に1人がうえていることになります。

豊かな国が食べものをたくさん買えば買うほど、食べものの価格は世界的に値上がりしてしまいます。その結果、お金を持っていない人は食べものを手に入れにくくなってしまうのです。

世界の食料支援の量より多い日本の食品ロス

国連機関のＷＦＰ（世界食糧計画）では、もっとも深刻な飢餓に苦しむ人を助けるため、2020年度に420万ｔの食料を支援しました。日本の食品ロスは600万ｔ。日本の食品ロスは世界の人々の食料支援の量の1.4倍にあたるのです。

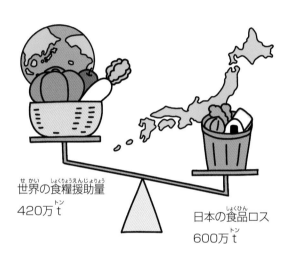

世界の食糧援助量
420万ｔ

日本の食品ロス
600万ｔ

知ってる？

豊かな国でもおなかをすかせている人がいる

豊かな国のなかでも、さまざまな理由によって、十分に食事をとれない人もいます。日本は世界的に見ると豊かな国といえますが、仕事や家を失い、食べるものに困っている人もいます。また家庭の経済状態が厳しく、おなかいっぱい食事を食べられない子どももいます。

最近では国内で食べものを必要としている人のために、家庭であまっていた食料を集めて、分ける「フードドライブ」という取りくみもおこなわれています。

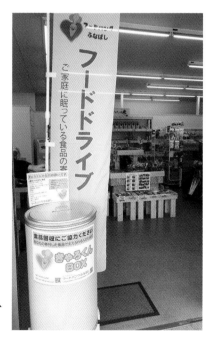

フードバンクふなばしの食品回収ボックス。ここに食べものを入れると、千葉県船橋市内で支援が必要な人のところに食べものを届けられます。

日本でつくっている食べものは少ない

日本で食べている食べものの多くは海外から輸入した食べものです。もしも輸入が止まってしまったら、日本の食生活は大きく変わります。

海外からの輸入にたよっている？

わたしたちのまわりには、たくさんの食べものがありますが、そのなかには外国でつくられているものがたくさんあります。日本で食べられている食べもののうち、国内でつくっている割合を示す数字を「食料自給率」といいます。2020年の食料自給率は37%（カロリーベース）でした。つまり日本は食べものの半分以上を海外からの輸入にたよっているのです。

こうした食べものを生産している国で自然災害が起きたり、国際的な紛争が起きたりすると、今のように食べものが日本に入ってこなくなる可能性があります。

※畜産物については、輸入した飼料部分の47%は自給として数えません。

毎日食べているパンは小麦粉からできているんだよね？

小麦はほとんど日本でつくってなかったんだね。

食品別に見た自給率

自給率（カロリーベース）

米	98%
野菜	76%
魚介類	51%
果実	31%
大豆	21%
小麦	15%
畜産物（肉や牛乳、チーズなど）	16%※
油脂類	3%
砂糖類	36%

農林水産省「令和2年度食料自給率・食料自給力指標について」内
「カロリーベースと生産額ベースの食料自給率」（令和2年度）

もし輸入がストップしてしまったら

食べものが輸入できなくなると、日本国内の食事は次のようなものになります。

農林水産省「食料自給力指標の各パターンおける食事メニュー例」（平成30年度）をもとに作成

朝
白米…お茶わん1ぱい
さつまいも…2本
浅づけ…2皿

昼
さつまいも…2本
こふきいも…1皿
サラダ…2皿

夜
焼きいも…2本
野菜いため…2皿
こふきいも…1皿
焼き魚…一切れ

日本国内で生産できる食べものだけでお腹を満たそうとすると、いも類を中心とした食生活になり、栄養バランスもかたよったものになる。

牛乳は5日に1ぱい。焼肉は19日に1きれ。卵は3か月に1個しか食べられないの。

おかしも食べられないんだね。

世界の人口と食べもの

世界の人口は年々増えつづけています。2050年までには今よりも20億人増え、97億人に達すると予想されています。これだけの人に食料を行きわたらせるためには、もっと収穫量を増やさなければなりません。けれども、世界の各地で異常気象が起きたり、水不足が深刻になったりしていることから、本当に収穫量を増やせるかはわかりません。

地球全体の食料が足りなくなると、貧しい国ではより食料不足が深刻になり、豊かな国でも高いお金を出さなければ食べものが手に入らなくなります。

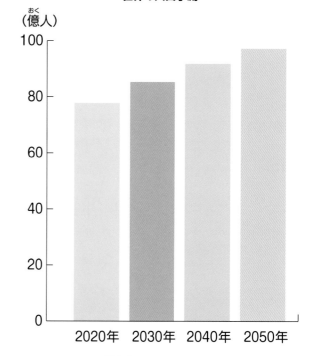

世界の人口予測
（億人）

国連「World Population Prospects 2019」

将来も今と同じように食べられるとはかぎらないんだね。

食べられることにもっと感謝しないといけないね。

食品ロスをなくしたい！

―食べものを大切に食べよう―

二人とも食品ロスのことを勉強してみてどうだった？

今までたくさん食べものをむだにしていたとわかってショックだったな

遠くから食べものを運んでいるのに捨てることもあるなんて

家に届くまでにたくさんの食べものが捨てられていたね……

収穫したときも

形が良くない

傷がついている

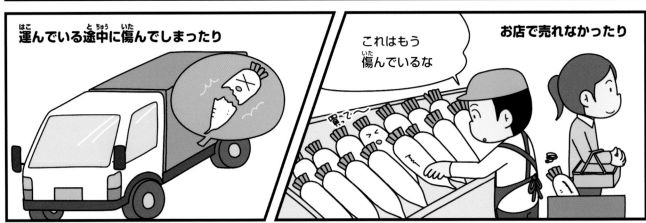

運んでいる途中に傷んでしまったり

これはもう傷んでいるな

お店で売れなかったり

工場での調理ミスや、箱に傷がついたときに捨てられることもあったね

これは売れないなあ

豆乳

ギョーザ

ただいま〜

遅くなっちゃったから今日の晩ごはんは冷凍のギョーザね

おかえりー

わーい

このダイコンもギョーザも……

いくつものピンチを乗り越えてきたんだねえ〜

それじゃあ晩ごはんの準備をするね

わたしたちも手伝うよ！

それじゃあお皿をならべてくれる？

はーい！

ダイコンの葉も使えるの？

おみそ汁にいれてみようか

ただいまー

いただきまーす！

おいしいねー

二人とも食品ロスのことがよくわかったみたいね

35

食品ロス おさらいクイズ

食品ロスのことが、どれくらい
わかったかな？
クイズでおさらいしよう。

1

日本から1年間に出る食品ロスの量は？

① 200万t
② 400万t
③ 600万t

なんだっけ？

2

飲食店で食品ロスが発生する理由として
いちばん多いのは？

① 過剰除去
② 食べ残し
③ 直接廃棄

3

3つの中で「季節商品」と
よばれるものは
次のうちどれ？

① おにぎり
② サンドイッチ
③ 恵方巻

4

おいしく食べられる
期限を示しているのは
どっち？

① 賞味期限
② 消費期限

5

ごみを燃やしたときに出る地球温暖化の原因になる気体は？

① 酸素

② 窒素

③ 二酸化炭素

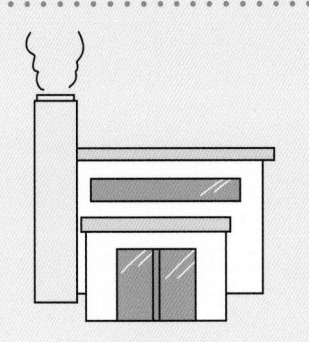

おぼえているかな？

6

食べものが足りなくて困っている人は世界に何人いる？

① 約3億人

② 約5億人

③ 約8億人

7

日本の食料自給率は約何パーセント？

① 40%

② 60%

③ 90%

いくつできたかな？

8

次の食べもののうち、日本で生産している割合がいちばん少ないのは？

① 米

② 小麦

③ 野菜

答え

05 ③ 二酸化炭素
01 ③ 600万t
02 ② 長い歳月
03 ③ 単方茶
06 ③ 約8億人
07 ① 40%
04 ① 貴重資源版
08 ② 小麦

日本から世界に広がった「もったいない」

みなさんもよく知っている「もったいない」という言葉には、昔の人々のさまざまな思いがつまっています。

昔、食べものはとても貴重だった

スーパーマーケットに行くと、さまざまな地域や国から運ばれてきた食べものがならんでいます。その日に食べきれないくらい食べ物を買っても、冷蔵庫に入れておけば、別の日に食べることもできます。昭和時代の前半までは、今のように輸送手段が発達していませんでしたし、性能のよい冷蔵庫もありませんでした。そのころ、人々は食事のおかずになる野菜は自分たちで育てるか、近くの土地でとれたものを市場で食べきれる分だけ買っていました。肉はめったに食べることはできず、魚のおさしみも海から遠い地域では食べることはできないものだったのです。手に入る食べものを大切にし、今では捨ててしまうような野菜の皮なども工夫して食べていました。それでも食べることのできない部分は、土にうめて肥料などに再利用していました。

「もったいない」から「MOTTAINAI」へ

食べものを大切にし、むだなく使おうという考えは、「もったいない」という日本語によく表れています。

2005年に日本に来たケニアのワンガリ・マータイさんは、「もったいない」という言葉を知って深く感動しました。マータイさんは、長い間、環境を守るための活動をしてノーベル平和賞を受賞した女性です。その後、マータイさんは亡くなるまで、世界の人々に日本の「もったいない」を広める活動を行いました。マータイさんの活動によって、日本語の「もったいない」はローマ字の「MOTTAINAI」という表記で、海外でも使われるようになっています。みなさんも「もったいない」を合言葉に、食品ロスをなくしていきませんか？

「もったいない」を世界の人々に伝えたワンガリ・マータイさん（右）と島本美由紀先生（左）。

さくいん

監修 島本 美由紀（しまもと　みゆき）

料理研究家・食品ロス削減アドバイザー。

旅先で得たさまざまな感覚を料理や家事のアイデアに活かし、誰もがマネできるカンタンで楽しい暮らしのアイデアを提案。

ラク家事、食品保存＆冷蔵庫収納アドバイザー、防災士の肩書も持つ。

親しみのある明るい人柄で、テレビや雑誌を中心に多方面で活躍。著書は70冊を超える。

一般社団法人「食エコ研究所」の代表理事として食品ロス削減の講演会なども行い、

活動が認められ、令和3年食品ロス削減推進大賞審査委員会委員長賞を受賞。

漫画・イラスト●深蔵
写真・画像協力●フードバンクふなばし　株式会社日本フードエコロジーセンター　PIXTA
編集協力●ニシ工芸（野口 和恵、名村 さえ子、森脇 郁実、高瀬 和也）　**デザイン・DTP●**ニシ工芸（小林 友利香）

参考文献

『平成29年度食品産業リサイクル状況等調査委託事業（食品関連業者における食品廃棄物等の可食部・不可食部の量の把握等調査）報告書』みずほ情報総研株式会社（農林水産省委託業務）

『食品ロスの大研究 なぜ多い?どうすれば減らせる?』井出留美：監修（PHP研究所）

『野菜が長持ちするコツ教えます！』島本美由紀（小学館）

令和2年畜産物流通調査（農林水産省）

もったいない！ 食べられるのに捨てられる 「食品ロス」を減らそう（政府広報オンライン）
https://www.gov-online.go.jp/useful/article/201303/4.html

令和2年度学校保健統計調査の公表について（文部科学省）
https://www.mext.go.jp/content/20210728-mxt_chousa01-000013187_1.pdf

畑から生まれた、「もったいない」を減らすアイデア。食品ロスを減らすカギは、わたしたちの選択にあり（KOKOCARA）
https://kokocara.pal-system.co.jp/2019/06/24/food-loss/

お肉キューアンドエー（全国食肉事業協同組合連合会）
https://www.ajmic.or.jp/oniclub/book/onikunoqanda.pdf

食品ロスに関するアンケート調査結果（第四回）（ハウス食品）
https://housefoods-group.com/activity/foodloss/research_data04.pdf

学校給食から発生する食品ロス等の状況に関する調査結果について（環境省）
https://www.env.go.jp/press/100941.html

平成30年度食品リサイクル法に基づく定期報告の取りまとめ結果の概要（農林水産省）
https://www.maff.go.jp/j/shokusan/recycle/syokuhin/s_houkoku/kekka/attach/pdf/gaiyou-57.pdf

【MOTTAINAIレシピ】野菜の使い切り〈ブロッコリー編1〉ブロッコリーのフライ（MOTTAINAI）
http://www.mottainai.info/jp/posts/recipe/002269.html

一般廃棄物処理事業実態調査の結果（令和元年度）（環境省）
http://www.env.go.jp/press/files/jp/115966.pdf

食品ロスとは（横浜市）
https://www.city.yokohama.lg.jp/kurashi/sumai-kurashi/gomi-recycle/sakugen/foodloss.html

ひろげようキレイな水のあるくらし（環境省）
https://www.env.go.jp/water/seikatsu/pdf/all.pdf

国連報告書: パンデミックの年に世界の飢餓が急増（世界食糧計画）
https://ja.wfp.org/news/un-report-pandemic-year-marked-spike-world-hunger

食品自給力について（農林水産省）
https://www.maff.go.jp/j/council/seisaku/kikaku/bukai/attach/pdf/kikaku_0213-8.pdf

令和2年度食料自給率・食料自給力指標について（農林水産省）

食品ロス 「もったいない」をみんなで考える
①食品ロスについて学ぼう！

初版発行　2022年4月1日

監　修　島本 美由紀
発行者　岡本 光晴
発行所　株式会社 あかね書房
〒101-0065　東京都千代田区西神田3-2-1
03-3263-0641（営業）　03-3263-0644（編集）
https://www.akaneshobo.co.jp
印刷所　中央精版印刷株式会社
製本所　株式会社難波製本

NDC588　39ページ　30cm×21cm
© 2022 Nishikougei
ISBN978-4-251-09561-9

落丁本・乱丁本はおとりかえいたします。

NDC588
監修　島本 美由紀（しまもと みゆき）
食品ロス 「もったいない」をみんなで考える
①食品ロスについて学ぼう！

あかね書房　2022　39p　30cm×21cm